给小读者的一封信

亲爱的小读者们：

你们好！我是侯斌，你们也可以称呼我"猴哥"。我先说说"猴哥"这名字是怎么来的吧。

一次演讲登台前，我正在做最后的准备，一位路过的小学生认出我，他大声叫我"猴哥"。当我登台分享这个小插曲的时候，全校2000多位同学居然齐声喊我"猴哥"。这阵势让我又惊又喜，从此就自称"猴哥"。

所以，从打开这本书开始，我也是你们的"猴哥"！

"猴哥"参加的比赛叫"残奥会"，全称"残疾人奥林匹克运动会"，四年一届的夏季奥运会后，都将举办一届"残奥会"，同样的奥运村和同样的裁判、志愿者服务，截至2023年已举办过16届。

我童年时意外失去左腿；少年时为苦练跳高吃尽苦头；三次征战残奥会，历经短时期内疯狂减肥、不打麻药缝合头部伤口、手掌摔断，最终，我获得了三块残奥会世界金牌、打破了残奥会男子跳高世界纪录、成为2008年北京残奥会主火炬手……小读者们，不要因为担心风险就止步不前；也不要因为小有收获就停止挑战。任何事情都是从一个心愿、一个行动开始的。将努力深入骨髓，培养"夺冠"的习惯，首先要成为自己心目中的冠军。

每天嘴角笑弯弯，生命多美好。祝福和我有一样梦想的孩子们，永远保持乐观向上的状态，当下遇到的困难和挫折，都是磨炼意志、启迪智慧的必经之路。信心、决心、恒心，"三心"齐备，这世界上就没有做不成功的事！

在此感激上海巍美文化发展有限公司对本书的大力支持，让我能有这次机会，通过这本书让你们了解残奥会，也借此让你们看到我这些年的成功与失败。其实，那些都不重要，重要的是我们要永不放弃，相信未来！

2024年1月

人生不设限

残奥会世界冠军 侯斌

苗 辉 著

中国中福会出版社

图书在版编目（CIP）数据

人生不设限：残奥会世界冠军侯斌 / 苗辉著 . -- 上海：中国中福会出版社, 2024.1
（了不起的中国人）
ISBN 978-7-5072-3666-8

Ⅰ.①人… Ⅱ.①苗… Ⅲ.①侯斌 – 传记 – 儿童读物 Ⅳ.① K825.47-49

中国国家版本馆 CIP 数据核字 (2024) 第 008679 号

人生不设限
残奥会世界冠军侯斌

苗　辉　著

出 版 人	屈笃仕
策　　划	凌春蓉
责任编辑	姜怡雯
装帧设计	施喆菁
封面设计	钦吟之
封面插图	问　筠
责任校对	胡佳瑜
责任印制	陈　浩

出版发行：中国中福会出版社
社　　址：上海市常熟路 157 号
邮政编码：200031
电　　话：021-64373790
传　　真：021-64373790

经　　销：全国新华书店
印　　制：上海昌鑫龙印务有限公司
开　　本：787mm x 1092mm 1/16
印　　张：5.75
版　　次：2024 年 5 月第 1 版
印　　次：2024 年 5 月第 1 次印刷
书　　号：ISBN 978-7-5072-3666-8/K·92
定　　价：38.00 元

目 录

1 引言	**2** ❶ 我是一棵小草
10 ❷ 多才多艺的少年	**18** ❸ 奔马之志
27 ❹ 崭露头角	**36** ❺ 走向世界
44 ❻ 把握幸福	**50** ❼ 战胜自己

59
8 火炬手点燃圣火

67
9 永无止境地突破自我

76
尾声

78
冠军小课堂

82
成长大事记

引 言

　　2008年9月6日,北京,鸟巢国家体育场,一个坐在轮椅上的小伙子,用双手拉动绳索,使自己和轮椅一起吊升至39米的高空。在全世界的注视下,他举起祥云火炬,点燃了主火炬塔下的引火装置。刹那间一条火龙喷薄而出,盘旋而上,主火炬被点燃。烈焰熊熊,温暖而明亮,第十三届残疾人奥林匹克运动会就此正式开幕。

　　这位坐在轮椅上的火炬手名叫侯斌。9岁失去左腿的他,是三届残奥会F42*级别跳高项目的冠军,他创造的1.92米单腿跳高世界纪录,至今无人能破;他曾经13次参加"玄奘之路"戈壁挑战赛,累计在戈壁绝地徒步138公里;他曾经探访北极,在极地冰海游泳,也曾经攀登上位于南极纳克港的雪峰;小时候因为自卑说话口吃的他,通过后天的不断训练,突破自身壁垒,受邀参加联合国世界青年大会,代表中国发表演讲,成为受邀参加世界青年大会的中国第一人;还曾经和国际奥委会主席萨马兰奇、英国前首相布莱尔、美国前国务卿基辛格、卡塔尔前国王哈马德同台演讲……

　　人生不设限,没有不可能。这就是侯斌。他自强不息、努力拼搏的成长历程,乐观开朗、积极向上的人格魅力,激励了很多残疾人,也感染着更多普通人,不断去突破自己的人生局限。

---

　　*F42:前缀"F"代表"田赛"。F42级别是代表腿部缺失、腿部长度不等、肌肉力量受损,采用站姿比赛的其中一种运动分级。

 我是一棵小草

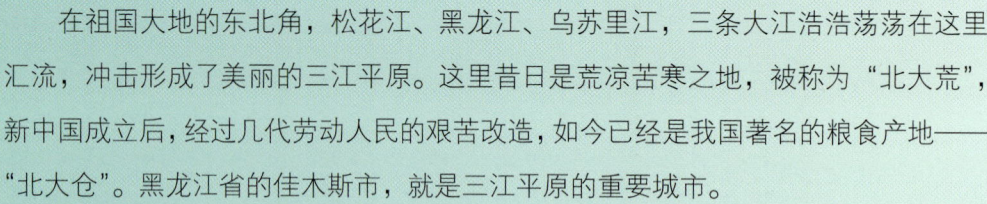

在祖国大地的东北角，松花江、黑龙江、乌苏里江，三条大江浩浩荡荡在这里汇流，冲击形成了美丽的三江平原。这里昔日是荒凉苦寒之地，被称为"北大荒"，新中国成立后，经过几代劳动人民的艰苦改造，如今已经是我国著名的粮食产地——"北大仓"。黑龙江省的佳木斯市，就是三江平原的重要城市。

1975年的3月，严冬的冰雪开始消融，佳木斯的春天即将到来。一个平凡的双职工家庭，迎来了一个呱呱坠地的健壮男婴。父亲姓侯，在造纸厂工作，母亲在铁路小学当老师。这个男孩的到来给小家庭带来了巨大的喜悦。父母给他取名"斌"，希望他将来长成文武双全的有用之才。

小侯斌慢慢地长大，长成了一个活泼开朗、爱好广泛的小男孩，个子也总是比同龄小朋友高一些。他本该像他的父亲一样，在佳木斯长大、工作、成家……成为一个普通而幸福的东北汉子，生活沿着可以预见的轨迹前行。然而，在他9岁的那年，一场火车事故改变了这个孩子的命运。

那一天，侯斌所在的小学校举办运动会。起先体育老师鼓励他报名参加赛跑项目，可小侯斌玩心大，对比赛也没什么信心，所以不愿参加。体育老师觉得侯斌的身高和灵活性都很突出，应该是个体育苗子，不往这个方向培养可惜了，转而又去游说侯斌的妈妈。她在这所学校当老师。在妈妈的鼓励下，侯斌最后还是报名参加了百米赛跑。

站在起跑线上，没有经过训练的侯斌连起跑的姿势都不会，他看其他参赛同学半蹲着，也有样学样。第一次，有一个同学抢跑了，大家在哄笑声中回到起跑线上。第二次，枪声一响，小运动员们顺利出发。一开始，侯斌觉得自己个子高，肯定跑得快。他满不在乎地左看看右看看，

然后他发现右边赛道的同学虽然个子比他小,但是跑得飞快,几步就超过了他。最后,那个同学获得了第一名,侯斌第二名。比赛结束之后,侯斌觉得有点儿失落又有点儿兴奋。失落的是他发现个子最高不一定跑得最快;兴奋的是他发现体育比赛很有意思,只要勇于尝试,就能取得成绩。

  这天妈妈学校的工作很忙,放学之后,她不能像往常那样送侯斌去奶奶家写作业。小侯斌和妈妈说:"妈妈,我长大了,我和同学们一起走,自己去奶奶家吧!"妈妈有点儿犹豫:"你一个人能行吗?"侯斌信心满满地回答:"行!我都9岁了。"他想:他不光要自己去奶奶家,还要告诉奶奶今天跑步比赛得了第二名。"别绕路,别贪玩,注意安全!"妈妈叮嘱了一番,目送他背着书包和几个同学出了校门。

　　去奶奶家的路，小侯斌很熟悉，跟自己家的方向正好相反，他家是造纸厂家属院，奶奶家是另一个方向的铁路家属院。去奶奶家要经过铁路，能看见大火车。那一天，天气特别好，天空瓦蓝瓦蓝的，头上的白云好像大朵大朵的棉花糖。黑色的火车停在铁轨上一动不动，在小侯斌的眼里就像个巨大的玩具。侯斌想：这会儿时间还早，玩一会儿再去奶奶家写作业，也来得及。

　　那是一辆货运火车，车厢旁边有悬挂的梯子，可以爬到车厢顶上。他双手抓住悬梯的把手，三下两下攀到车顶。到了车顶，他往下看了一眼，哎哟，好高呀，他有点儿害怕了，想要下去。他握着悬梯的扶手，刚下一个镫，火车动

了一下。小侯斌吓了一跳。他犹豫了一下，又下了一个镫，火车又动了一下，他不敢动了。就在他犹豫的时候，火车慢慢地开动起来。

"这火车要开到哪儿呀？"侯斌害怕火车把他带到不知哪里的远方，他就再也找不到家了。他鼓足勇气下到了最后一镫。这时，火车已经开得很快了。跳吧，不跳就再也回不了家了。他脚一抬，手一松，跳了下来，右腿落在了铁轨外面，左腿却落在了铁轨里面……

醒来的时候，侯斌已经躺在医院里，永远地失去了他的左腿。飞来的横祸改变了这个原本活蹦乱跳的小男孩的人生轨迹，也给这个原本幸福的家庭带来了巨大的痛苦。在家休养了一个学期，失去一条腿的小侯斌也没了往日的活泼。妈妈的眼泪都快流干了，爸爸的眉头就没有展开过。他们看着日渐消沉的儿子，心如刀割，背地里商量："不能这样下去。要给孩子装上假肢。让他起码能走路。"可是买假肢的费用不低，这个原来就不宽裕的家庭为了给儿子治伤，已经花光了家里的积蓄，还跟亲友们借了不少钱。

为了存钱还债，更为给儿子买假肢，原本是造纸厂钳工的爸爸，主动申请到搬运原木的部门工作。这个工作累，还有一定的危险性，但是能多赚一点钱。一年以后，他们终于攒够了买假肢的钱。

爸爸带着侯斌来到了卖假肢的工厂。那会儿国内的假肢是用铝和牛皮做的，脚是用木头做的，还没有机器作业，都是手工生产，交了钱，还要等几个月才能拿到。最后终于拿到假肢的时候，侯斌有一点儿激动：终于又有左腿了，虽然是个假的。可是当他穿上假肢，脸色都变了。每走一步，断肢和假肢接触的地方都钻心地疼。假肢工厂的师傅见多不怪，双手一摊说："这个没办法，只能回去慢慢磨。等磨出厚茧子，就好一点儿了。"

侯斌抱着假肢，坐在爸爸的自行车后座上，回到了家里。第二天，他开始练习穿假肢走路。他一边疼得龇牙咧嘴，一边扶着墙一步一步地挪，每走一步都像扎在刀尖上。可是他下定决心，为了能走路，再疼再苦，也要坚持下去，直到磨出老茧那一天。慢慢地，他能穿着假肢走一段路了，虽然还是会疼，走路姿势也一瘸一拐的不好看，但是毕竟能走了。父母和侯斌的心都宽了一些。

再后来，侯斌返回学校了，每天和同学、老师们在一起，不那么孤独了。只是原来活泼开朗的小侯斌变得不那么爱说爱笑，也不那么自信了。四年级的时候，班里开联欢会，侯斌很爱唱歌，也唱得很好听。他想报名独唱。可是一想到要在全班同学的注视下，一瘸一拐地走上场去，他就感到灰心丧气。纠结到最后，他还是没有报名。他们班的副班长表演了独唱。"其实我比他唱得好。"小侯斌躲在角落里一边难过一边后悔，他暗自下定决心：明年联欢会，我一定要鼓起勇气报名独唱。

第二年联欢会，侯斌放下思想包袱，勇敢地报了名。他唱歌本来就不错，加上过去一年，一直在偷偷练习，他演唱的歌曲《小草》获得了老师和同学们的满堂彩。"没有花香，没有树高，我是一棵无人知道的小草……"虽然经过风雨的摧折，侯斌这棵小草却要顽强地扎根大地，不论顺逆境都要茁壮成长。

2 多才多艺的少年

佳木斯的冬天是漫长的,一场大雪之后,一位母亲领着10岁的儿子深一脚浅一脚地走在积雪的街道上。这条街道叫五百,有个修鞋铺因为价格公道、手艺好,远近有不少居民都来这里修鞋。那个年代,生活并不富裕,人们对物品非常爱惜,新三年、旧三年、缝缝补补又三年,没有坏了就扔掉的习惯。侯斌的母亲带他来这里,正是修补他穿坏的运动鞋。

修鞋铺在街道拐角一座铁皮小屋里,修鞋的是位腿部有残疾的老人,他身上穿着灰暗破旧的厚衣服,脸上有着刀刻一般的皱纹,

双手很黑，也很粗糙，但是非常灵活，针线在他的手里仿佛有灵性一般，在鞋子上跳动。经他手修补好的鞋子，看不出明显的痕迹，最重要的是结实，再穿个一年半载没问题。

外面天寒地冻，铁皮屋里生着火炉，跳跃的火苗映在修鞋老人历尽沧桑的脸庞上。等着修鞋的时候，侯斌也在悄悄地打量这一切。因为行动不便，学个手艺，开个小店铺，是很多残障人士的谋生手段。虽然能自力更生，但是一辈子也就待在这一方小小的天地里了。"我将来难道也要这样度过一生？"他一想到这个，就感到一阵难以忍受的痛苦。他咬着嘴唇，攥紧了拳头。

旁边的母亲把儿子的神色悄悄地看在了眼里。回去的路上，母亲对他说："修鞋老人虽然有残疾，但是他用自己的双手支撑

11

了生活，也赢得了大家的尊重。妈妈希望你将来也能做一个对社会有用的人。"

侯斌把妈妈的话记在心里，一方面他要靠自己的本事做个有用的人，另一方面，他也暗自下定决心，虽然修鞋老人很可敬，但是他不想要那样的生活，他不想一辈子被局限在一个小铁皮房子里，他要走到外面广阔的世界，他要找到另一种活法。

回到家，侯斌让父亲给自己焊了一副哑铃，他要锻炼，既然少了一条腿，那就让身体剩下的部分变得更强壮。那个时候，假肢非常贵，还容易坏，坏了维修还得花钱。放学回家，侯斌一般不舍得穿假肢。不穿假肢，想要正常行动，剩下的右腿就得特别强壮，还得掌握好平衡。每天除了练哑铃、练上肢，他还想了很多土办法来练平衡和右腿力量。他家住一楼，他就练习蹦楼梯，从一楼蹦到六楼，再蹦下来。他还找了个小板凳，单腿站在上面练平衡。刚开始，一站上去身体就会晃。到后来，他可以纹丝不动地在板凳上站5分钟、10分钟、半个小时……看爸爸妈妈那么

辛苦，他就抢着帮爸爸妈妈干家务活。到后来，他可以单腿蹦着帮妈妈把做好的饭菜从厨房端到饭桌上。

后来，成为单腿跳高世界冠军的侯斌，回想起小时候的这段岁月，说："那会儿连假肢都不舍得穿，听着挺可怜。但是我借此练就了强健的右腿，以及很好的平衡感。单腿跳高最需要的是什么？就是这两样呀。生活给你的所有磨难，也都是帮你成就自己的途径。"

除了锻炼身体，侯斌还特别喜欢篮球，他的房间里贴着杂志里送的 NBA 球星海报，虽然自己少了一条腿，不能像小时候梦想的那样在篮球场上纵横驰骋，但他还是愿意运运球、投投篮。他家旁边有个厂区的室外灯光篮球场，夏天的时候，每天晚上都有男孩子们在那儿打球。侯斌经常去场边看，给他们加油。打球的男孩儿热情，招呼他也来试试。试试就试试，侯斌大大方方地上了场。慢慢地，他打得像模像样了。独腿的篮球手，成了这一带一个小小的传奇。

身体越来越强壮，不光能生活自理，还能帮助爸爸妈妈干家务，也有一起打球的伙伴，侯斌的生活重新有了乐趣和信心。可是，有一次，无意中他听到爸爸妈妈在厨房的对话。妈妈说："我们将来都会老。等我们老了，儿子怎么办？"爸爸沉默了良久说："明天还是你去借钱吧。"听到这句话，侯斌全身的血液都凝固了。以前，他只顾着埋怨命运对自己的不公，从来没有去想自己出事之后，父母在承受着什么。除了治疗、康复，还有买假肢的费用，让这个原本就贫寒的家庭雪上加霜。看着爸爸妈妈为自己、为这个家日夜操劳，尤其是爸爸，工作要三班倒，非常辛苦。当爸爸上夜班的时候，侯斌从他的房间，能看见爸爸拎着妈妈做好的盒饭，走出楼门，沿着楼前那条小马路去上夜班的身影。昏黄的路

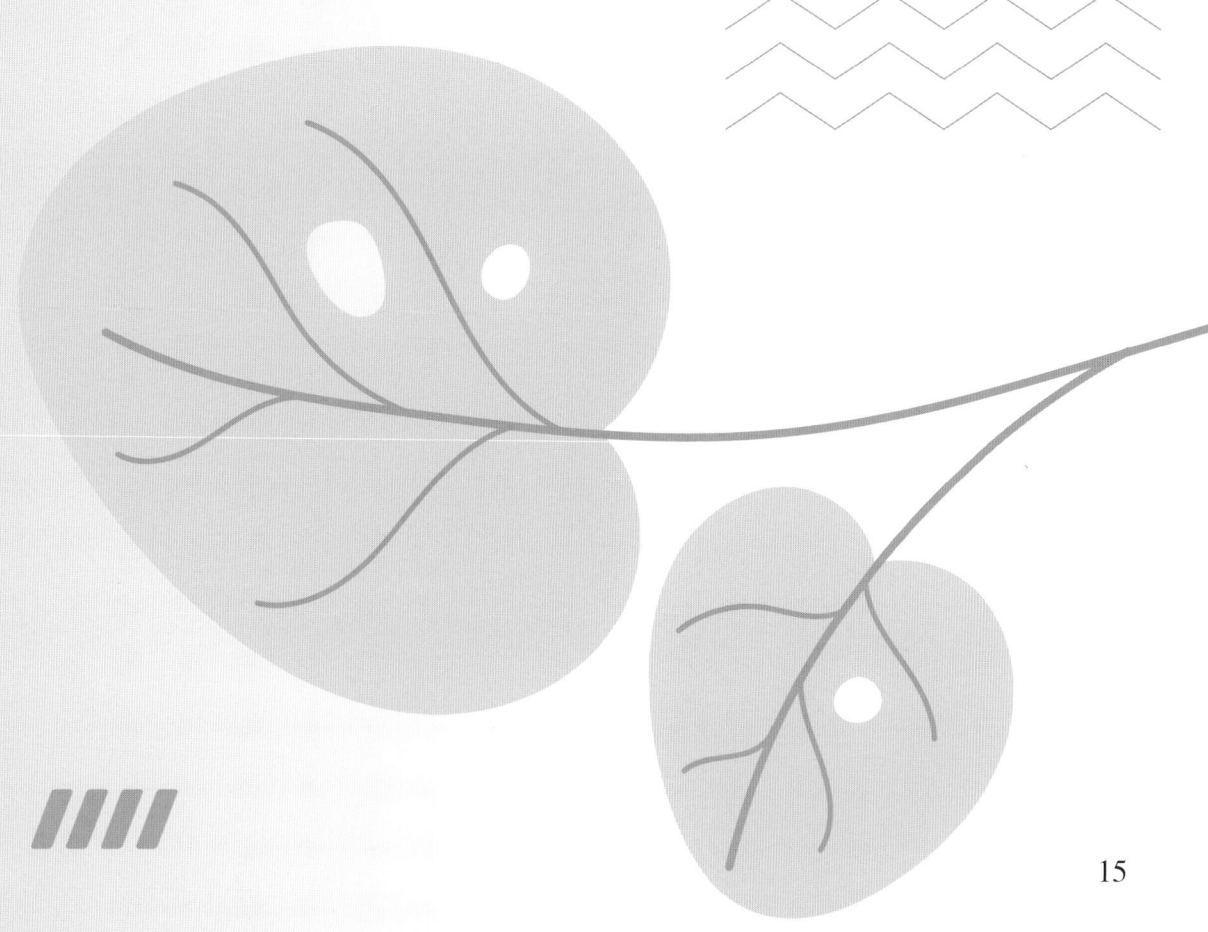

灯光把爸爸的影子拉长，再变短，再拉长，再变短……无数个夜晚，侯斌在窗口默默注视着父亲去上夜班的背影。父亲在他的心目中一直是山一样伟岸，用自己的肩膀撑起了家庭，以及儿子的未来。

侯斌觉得自己不能被命运打倒，他要做些什么，为这个家尽一份力，把爸爸妈妈肩上的担子接过来一些。

搬运原木的工作赚得是比以前多，但有一定的危险性，有一次，爸爸出了一场工伤事故，一根钢丝扎穿了爸爸的小腿。妈妈和侯斌心疼得直掉眼泪。爸爸的伤养好之后，妈妈坚决不同意他继续干这个工种了。禁不住妈妈和侯斌的一再恳求，爸爸调回了原来的部门，接着干钳工。而侯斌除了努力锻炼身体，他还开始钻研绘画、篆刻和修表等技能。他心里想，多学点儿手艺，多门手艺多条路，将来不行就开个修表铺。

刚开始学修表那会儿，侯斌把自己家里的座钟拆了装、装了拆，很快就弄懂了其中的原理。后来修座钟不过瘾，他还想学着修更精密一些的手表。爸爸看他那么渴望学手艺，就把自己唯一的一块手表交给他，让他可劲儿拆。凭着一股子钻研劲儿，一年多下来，他基本掌握了维修钟表的技能，街坊邻居们谁家钟表坏了，都找他，一般的毛病他都能鼓捣好。虽然还不能开修表铺赚钱，不过能靠自己的手艺帮助别人，让他觉得很自豪。

3 奔马之志

成长的过程中,侯斌认识到,改变命运不能靠等待,想到了就要去做,在做的过程中再去寻找自己热爱的事情。他学习绘画,几个月便能临摹出像模像样的画,可是家里实在太穷了,供不起笔墨纸砚;他学习修表,几乎全靠自学,不出一年,就能修好邻居、朋友的表,可是家里承担不起租修钟表铺面的费用。

为了帮助家里分担经济压力,1992年,17岁的侯斌进入残疾人福利工厂做临时工。上班第一天,厂里安排侯斌拉货车。他要把2米多高的货物拉到另外一个车间去切割。对于穿假肢的他来说,拉货车简直比搬山还要难。要保持好货车的速度,车速过慢,会卡在门口的台阶上;车速过快,假肢反应跟不上,就会被货车撞上。那一天,他尝试了无数次,失败了无数次,被货车撞倒在地的时候,他给自己打气:侯斌,这就是个小考验而已,想想你的爸爸妈妈,你一定能做到。后来,他终于掌握了节奏,越来越熟练,完成任务不成问题,有时候甚至能超额完成。

他的第二件工作是切割纸管。工作环境非常艰苦,车间里满是灰尘和噪声,3米以外就什么也看不清了。尽管他工作的时候戴着防尘口罩和耳麦消音器,还是不能完全挡住灰尘和噪声的侵害。有一次,爸爸去车间给他送午餐,偌大的厂房里,爸爸穿过厚厚的灰尘,找了半天愣是没看到他在哪儿。

虽然工作又苦又累,但是侯斌却格外珍惜,不管分配他干什么工种,他都尽心尽力去做好。第一个月,侯斌领到了120元工资。现在看来120元是个非常不起眼的数目,但是在当时却大大地减轻了爸爸妈妈肩上的担子。更重要的是,爸爸妈妈不再为儿子

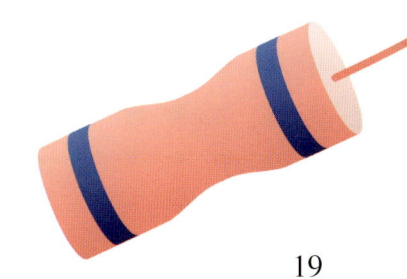

的未来忧心忡忡。他们在儿子身上看到了吃苦耐劳、顽强拼搏的精神。而这份工作对侯斌而言，也意义重大，实现了他的独立以及和社会的连接。他从心底燃起自信：即使少了一条腿，我也能自力更生，做个对社会有用的人。

一天，侯斌在家里看电视——黑白电视机里放的是在广州举行的全国残疾人运动会。在那个狭小的、不甚清晰的"盒子"里，有人在跑步，有人在跳高，然后有人登上领奖台……那些画面仿佛一道光，照亮了侯斌的内心。远方的某个地方，同样有残疾的人们，在做着如此让人热血沸腾的事情。侯斌感到，自己的心脏

疯狂地跳动起来。极度的兴奋使他的身体开始轻微抖动。一个声音在心头响起：我是不是可以像他们一样去比赛，然后站在台上领奖？那个声音一开始小小的、怯怯的，但是它越来越大、越来越响亮，最后，竟然如雷声、如鼓声、如号角声一般，振聋发聩，久久回荡。那一晚，侯斌兴奋得彻夜未眠。他觉得自己仿佛是行驶在迷雾重重的海面上的一艘轮船，忽然看见了远方的灯塔。想和做是世界上最遥远的距离，但是灯塔发出的光是如此的有穿透力和号召力。他知道，他有了方向，他要奋不顾身地朝着那光亮而去。

第二天，侯斌和往常一样去福利厂工作。下工之后，他找了一根废弃的钢管，两头穿上重物，做成杠铃，模仿电视里举重运

动员那样一次次试举。他找了个地方，可以把右腿固定住，练习腰肌腹肌。他还找到很多纸箱子里面衬的白色泡沫，装进一个个袋子里，封上袋口，上面铺上自己破旧的军大衣，当跳高的垫子，练习跳高。但是当身体砸上去时，泡沫袋子一下就被砸开，他的后背重重地摔在了水泥地上。

从那一天开始，每天下工之后，侯斌就开始了自己的"训练计划"，每一次他都练到精疲力尽，汗水湿透工作服，一滴一滴砸在车间的水泥地板上。也有工友好奇地问他折腾什么。他说：我想成为领奖台上的那个人。工友们摇头走开，都觉得这个小伙子疯了，在痴人说梦吧。可是，侯斌丝毫不在意，每天都坚持训练。一周过去了，一个月过去了，厂里很多人都知道，有个小伙子在拼命练习，他想当冠军。

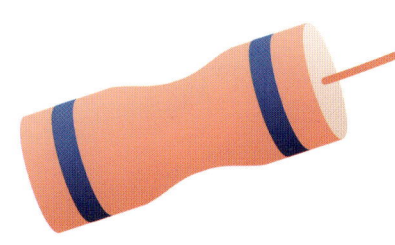

直到有一天，福利厂的领导下班巡视，发现有个小伙子在拼命训练，就问他下班怎么不回家。侯斌说，我想参加残疾人运动会，我在训练。也许是他头上的汗水和眼里的渴望，打动了那位领导，领导不仅默许了他业余时间在厂里训练，还很热心地介绍：咱们佳木斯也有体校。你周末可以去体校看看，说不定能找个教练带带你。

那个周末，侯斌骑了一个多小时自行车去了佳木斯市体校。但是他并没有找到能拜的师父，体校教练们带着运动员出去比赛了。前前后后跑了好几次，终于，他见到了田径教练，而且他的挚诚也打动了教练，答应让他先练练试试。既然要正式训练了，就得有个训练项目。

　　教练问侯斌想练什么。侯斌回答：那我就练跳高吧！

　　1993年的春天，万物欣欣向荣，充满了希望，这一年侯斌18岁，他的追梦之旅终于步入正轨。那时候信息闭塞，也没有互联网可以搜索，他并不知道全国乃至全世界残疾人跳高的最高纪录是多少，但是他想给自己设定个目标，于是在他床头的海报上写道："我想跳过2米。"意气风发的年轻人，临摹徐悲鸿的名画，给自己画了一幅《奔马》图。画上那奔驰的骏马、昂扬的气势，正是追梦人的精神写照。

4 崭露头角

从9岁开始单腿蹦着帮爸妈干家务，侯斌的平衡感在残疾人里面算是非常好的了，可是一旦面对真正的竞技体育，他发现还远远不够。第一次训练看着横杆的时候，侯斌觉得这高度不算什么，可是跳到跟前才发现，对于单腿的人来说，横杆太高了，一跳就撞到杆子上。

为了加强自己的平衡感，侯斌开始了艰苦卓绝的练习。他脱去假肢，用单腿完成训练场上的一切训练科目。除了教练布置的，还经常给自己加练，甚至一条腿站在平衡木上练平衡；给自己的右腿上绑上沙袋练力量。就这样，日复一日的训练，他终于找到了自己的平衡感，单腿助跑、跳跃能力都大幅度提升。

紧接着第二个难关又来了。在田径比赛中，健全选手跳高通常采用背跃式，但是这样的动作对于单腿起跳的运动员来说非常困难，因为他们缺少一条腿摆动起跳。起跳技术不适合导致侯斌的成绩始终突破不了1.6米。为了突破这个瓶颈，侯斌天天想、天天琢磨，看到任何事情他都会联想到自己的跳高。直到有一次，他不经意间在电视上看到杂技演员表演钻圈是正面起跳、前空翻过圈的。这给了侯斌很大的启发，是不是自己也能这么跳？在接下来的训练中，侯斌开始尝试正面助跑、前空翻过杆。

在当时，改变技术需要非常大的勇气。一方面，背跃式几乎是全世界运动员都采用的方式，自己也已经训练了几年，非常熟悉了，另一方面，他也担心万一改技术失败，会被其他人嘲笑。所以一开始的时候侯斌都是偷偷练习新技术。慢慢地，他感觉过杆越来越顺畅，信心也越来越坚定了。最后，他大胆地决定：就这么跳了。这个技术动作的改变非常奏效，成功帮

他突破了 1.6 米大关。找到了适合自己独特的训练方式,侯斌心里非常高兴,伴随着成功率的提高,也让他对未来充满了期待。

1994 年,侯斌被选中参加在北京举行的第六届远东及南太平洋地区残疾人运动会,将与来自中国、日本、韩国、朝鲜、澳大利亚、新西兰等 40 多个国家和地区的运动员同场竞技。这是侯斌第一次参加国际赛事,需要提前到北京参加集训。集训时和他住一个宿舍的室友,练的也是跳高,还拿过冠军。一起集训的第三天,这位室友跟侯斌说:"我昨天晚上做了个梦,梦见我这次拿了两块金牌。"侯斌不言语了,心里想:"我也是来争冠军的呀。两块金牌都被你拿走了,我来干吗呢?陪你圆梦呢?"

虽然有强手扬言要包揽金牌,但侯斌并不气馁。他和教练

商量，给自己制定了周密的训练计划。除了训练，侯斌还有一项重要任务，那就是减重。北方运动员骨架大，普遍比南方运动员重，而跳高运动本身就是克服地球引力的运动，既要有力量，同时体重还不能太重。为了减重，侯斌发明了很多自己的办法。

首先是控制饮食。运动员中心的伙食很好，全都是自助餐。一向生活在清贫环境的小伙子，看到这么多随意自取的饭菜，很容易拿得多、吃得多。为了控制饮食，侯斌给自己立了规定，不管自助餐有多丰富，自己只拿三样东西，也只吃这三样东西。他管这个叫作"三道菜"规定。

为了减重，他还发明了一个"四套运动服训练法"。就是在大夏天、室外温度高达38摄氏度的情况下，里里外外套上四

层训练服,最里面的一层是不透气的雨衣减肥服,训练强度一点儿不能减少。每次练完,汗水顺着两个袖口直往下流。虽然过程很折磨,但是效果很显著。正式比赛前,侯斌在保持肌肉量的同时,成功减重了8公斤。

苍天不负苦心人,那次比赛,侯斌取得了优异的成绩,获得了跳高F42级别的冠军。这个怀着"奔马之志"的东北小伙子,终于在国际大赛上崭露头角。

侯斌的跳高水平日益精进,他需要更加科学、系统的训练。那个年代佳木斯市没有室内的体育馆,在长达五六个月的冬季里,室外训练效果不好,还很容易受伤。侯斌父亲的朋友告诉他,哈尔滨有个体育学院,可以看看能不能申请去那儿训练。

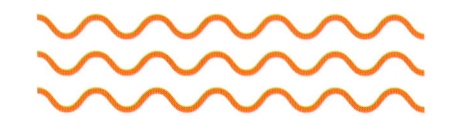

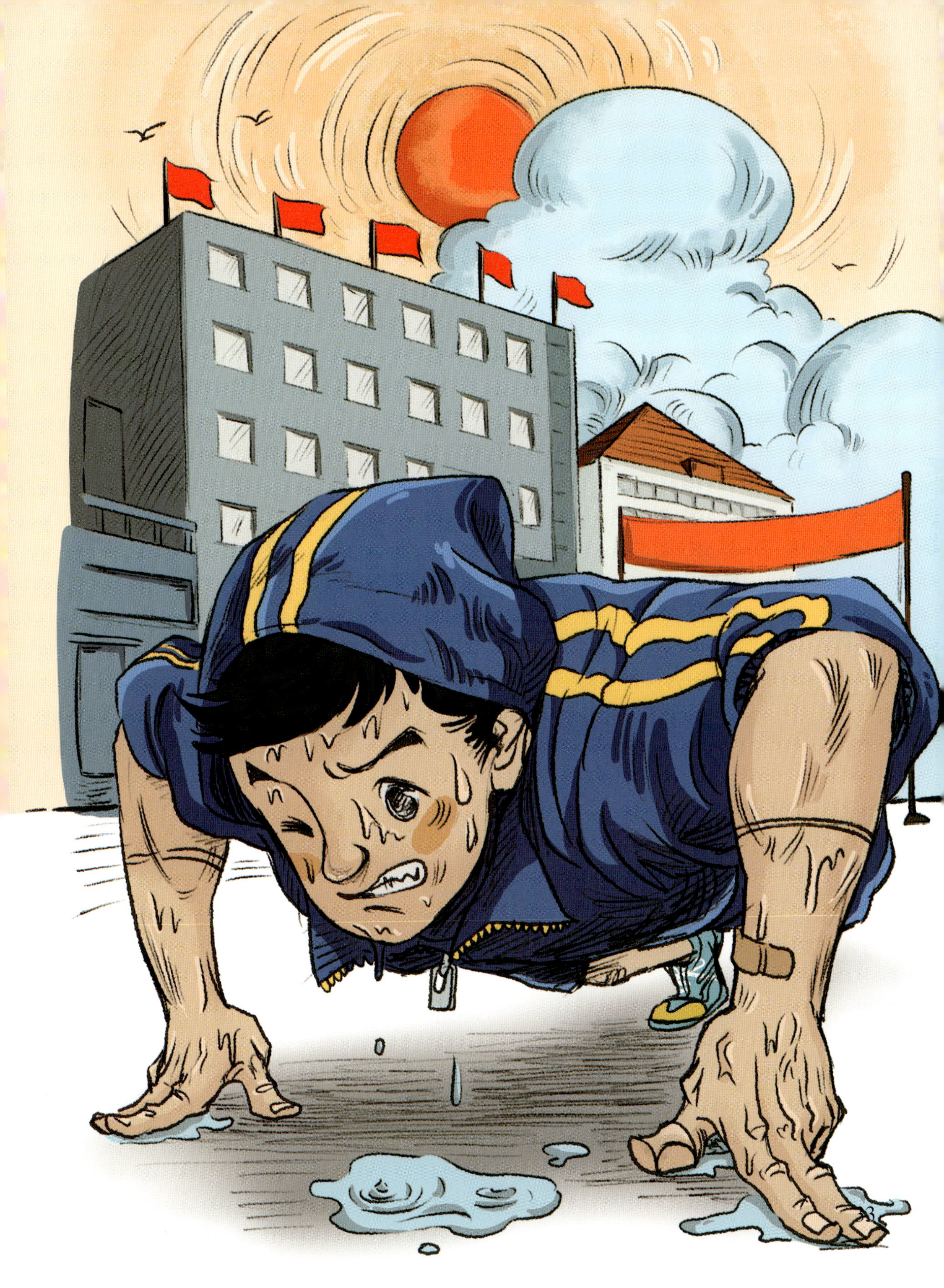

侯斌觉得是个好主意，如果能去，训练水平肯定能提高，成绩也会更好，还能解决冬季场馆的问题。他整理了材料，通过省残联，递到哈尔滨体育学院领导手里。可惜最终没能被录取。

侯斌并没有灰心丧气。他一直关注着体育学院的动态。直到1997年，他听说体育学院上任了新院长，他重新整理材料，递到新院长的手中，向院长讲述了自己一路走来的艰辛，以及想要突破自我的决心。院长听了他的故事，非常感动，同意侯斌来参加入学测试。长期的刻苦训练在测试这一刻发挥了巨大的作用，几位院领导对他刮目相看。院长说："你还没有经过真正的系统训练，就能有这样的成绩，可想而知你平时付出的努力。这种精神和态度非常宝贵。我们欢迎你进入体育学院读书、训练。"

得到更正规、系统的训练，侯斌的成绩又有了飞跃。他得到机会代表东北赛区参加在石家庄举行的全国单项锦标赛，这是他头一次参加全国大赛。然而，比赛的现场和他想象的并不一样。那时候，残疾人运动还没有进入大众的关注视野，现场只有3位裁判员和运动员，灰暗的水泥看台上没有一个观众。面对这样的场景，侯斌想起当老师的妈妈对他说的话："儿子，无论你去哪里比赛，都要学会给自己鼓掌加油。"没有观众，没有欢呼和掌声，那就自己给自己鼓掌吧。就这样，侯斌不光学会了给自己加油，也毫无保留地为其他参赛选手加油鼓劲。

5 走向世界

　　1996年第十届残疾人奥林匹克运动会（简称：残奥会）在美国亚特兰大举行。8月17日上午残奥会的田径场上，21岁的中国跳高运动员侯斌第一个出场。这位中国小伙子用一条腿奔跑、起跳、飞跃、落地……在两次刷新世界纪录后，11时35分，侯斌开始第三次向新的世界纪录发起挑战。一串流畅、优美、充满力量的动作之后，赛场上响起了震耳欲聋的欢呼声，他成功了——侯斌跃过了1.92米大关！现场为之沸腾，万余名来自世界各地的观众起立欢呼，掌声经久不息。这个成绩不仅为中国代表团夺得了一枚金牌，也刷新了该项目的世界纪录！这位第一次参加残奥会的东北小伙子，9岁时因车祸失去左下肢，坎坷的人生铸造了他不屈的脊梁，从十几岁起，他就开始向生命的高度冲刺。现在他用飞跃的英姿和领奖台上的微笑，向全世界展示了中国残疾人自强不息、顽强拼搏的精神。

次日，亚特兰大发行量最大的报纸《亚特兰大宪法报》在周末版头版头条刊载了侯斌跃过 1.92 米瞬间的大幅彩色照片，同时刊发了著名体育记者斯蒂芙的报道，她写道："每当我回忆本届残奥会，我都会记得那跳高的一瞬间：侯斌把拐杖扔下，如同不需要它们。跳杆已升到 6 英尺 31.2 英寸（1.92 米），这比他的人还高。只见他以一条腿助跑，在一跃加一翻滚后，跳过了横杆；跳杆纹丝不动……世界上没有什么能阻挡这位独腿年轻人对美好记忆的追求。他是一位永远不会停止跳跃的人。"

让我们把时间调回到比赛之前。经过 10 多个小时的长途飞行，中国代表队抵达了亚特兰大残奥会的运动员中心。侯斌心里非常激动，终于踏上了异国的土地，要代表祖国参加比赛了。然而到了晚上，侯斌又发愁了。

运动员中心的房间是套房，两个运动员一间屋子，四间屋子加个起居室是一套。经过长途飞行，大家都很累了，侯斌也想要早点休息、保持状态。可是他刚一睡着，屋子里就响起了奇怪的声响，像是摩托车引擎发动的声音，又

像是低沉的雷鸣声,尾音还有点像电钻声……原来啊,是同屋的队友打呼噜。这下完了,侯斌躺在床上辗转反侧,跟烙煎饼一样,翻过来覆过去,怎么都睡不着。他只好起身,揉了两团卫生纸,塞进耳朵里,然后找出多余的枕头,捂在耳朵上。可是即便这样,也抵挡不住魔音入耳。太有穿透力了!

　　一边是极度疲乏、渴望入睡的身体,一边是被呼噜声折磨得筋疲力尽的神经。侯斌心里很焦急,这样下去可不是办法,后天就要比赛了,这种状态怎么行?

　　第二天,侯斌在套房里四处查看,想找一个能安然睡觉的角落。他发现,这个套房里有两个卫生间,全新的公寓也挺宽敞。他想,这套房住着8个人,挨个跟队友说,效率不高,恐怕还有人会嫌他事儿多,不如去找队里的"老大哥"商量。老大哥以前是军人,还是战斗英雄,被地雷炸掉了一条腿,改当运动员,练标枪,为人沉稳大气,很照顾小队员,大家都很服他。

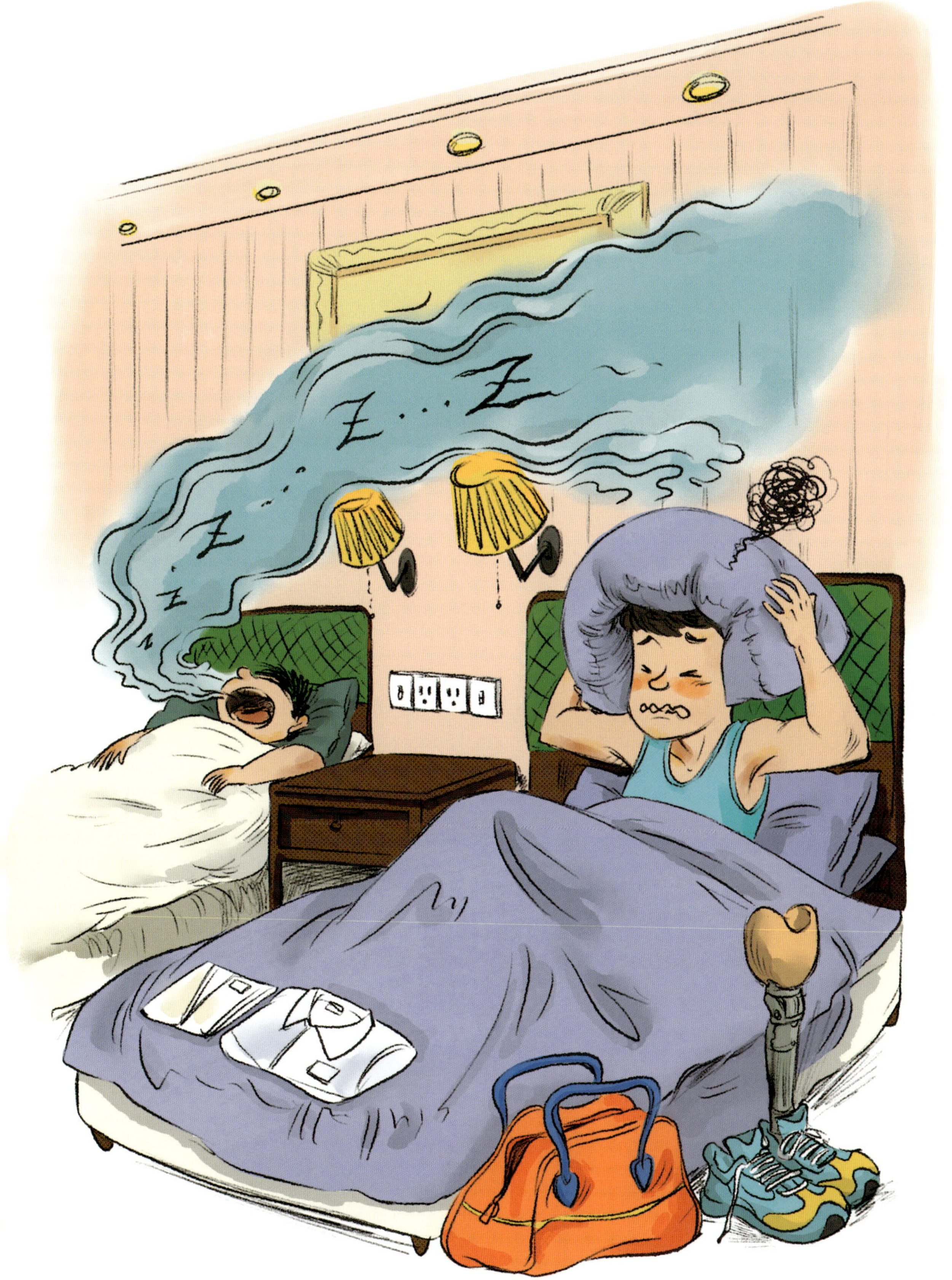
Z...Z...Z

侯斌向老大哥诉苦自己一宿没睡，以及想搬到卫生间睡一晚的想法，老大哥沉吟片刻，跟他说："是个办法。我去和大家说。"

　　第二天晚上，在队友的帮助下，侯斌把床垫搬到了其中一个卫生间里，一头搁在浴缸上，另一头搁在椅子上。既要克服心理障碍，又要找个浴巾把头包上，防止被卫生间空调出风口呼呼直下的冷风给吹感冒了，虽然条件有点儿艰苦，不过总算有个安静的环境能睡觉了。"只要能休息好，不影响比赛状态，不用管是睡在哪儿。"侯斌这样安慰自己。然后倒下呼呼大睡，终于得到了充分的休息，恢复了体力。

　　一夜好眠，比赛的当天，侯斌精力充沛地上了赛场。他对着亚特兰大的天空伸开了双臂，此刻心潮澎湃，仿佛有号角在争鸣。9岁遭遇意外失去双腿，母亲日夜不展的愁眉，父亲拎着饭盒上夜班的背影，坐在铁皮小屋里的修鞋老人，以及自己这些年艰苦卓绝的训练……这些画面在他脑海中一幕幕闪回。这么多年了，肉体的疼痛已经习以为常，对胜利的渴望已经深入骨血。他是如此渴望一场酣畅淋漓的胜利。

一到赛场，他又有些傻眼了。因为已经习惯了国内比赛普遍观众寥寥的场面，而国外的情况却不一样，再加上这是全世界顶级的赛事，现场居然乌压压坐了上万观众。面对如此阵仗，他又感到了一丝丝的紧张。

比赛有三次试跳机会。第一次试跳中，侯斌没有找准步点，失败了。看着被撞落的横杆，他紧张的情绪更加紧绷。"怎么回事？我是按照平时训练的步点起跳的呀，为什么会这样？"

第二次试跳，情绪的起伏明显影响了他的步调，又失败了。

当局者迷、旁观者清，大赛压力之下，选手状态比较兴奋，步子会比平时大一点，但是在高压之下，自己完全没有意识到。看台上，教练焦急地挥手，让他往后移半步。可惜距离太远，侯斌看不清教练的手势，他陷入了迷茫和恐慌之中。

就在这时，两位和他参加同一比赛项目的德国选手主动上前连说带比画，告诉他应该后移半步。虽然听不懂对方的语言，可是侯斌明白了他们的意思，电光石火间，他醍醐灌顶，往后跳开半步，助跑、起跳、飞跃……他成功了！

42

之后几次他都顺利过杆。最后，当他跃过 1.92 米的横杆时，整个赛场沸腾了，响起了震耳欲聋的欢呼声和喝彩声。他不仅以绝对的优势为中国队赢得一枚金牌，也创造了这个项目新的世界纪录。在此之前，单腿跳高的世界纪录是 1.81 米。之前无私帮助他的德国运动员之中的一位获得了季军。

赛后，英国 BBC 的记者采访侯斌为什么会相信对手，他说："当你用心用功付出和坚持了，你就会有自信，然后你就会愿意接受别人的帮助，因为你能分辨出他是在帮助你，不会有那么多疑虑。"

很多年以后，侯斌还记得那位名叫尤尔根·科恩的德国选手，他总说科恩和他的同伴是"我生命里的贵人"，还说"如果没有他们给我帮助，站在冠军领奖席上的人就不会是我。运动员参加比赛是为了金牌、为了荣誉，可赛场上的友谊第一、公平竞争的精神同样至高无上。这就是奥运的魅力。"

6 把握幸福

获得奥运冠军，载誉归来，侯斌的人生一样又不太一样了。一样的是，他一如往常，每天骑着自行车去体院训练。冬天的时候，路面上有积雪，他总在一个拐弯的路口摔倒。一抬头就能看见一位老大爷在那儿晨练拍打大树。看到他摔倒，老大爷总是报以善意的笑声，侯斌也乐呵呵地冲老大爷打招呼。骑上自行车，他心想："拍打大树这么无聊的事情，老大爷都能日复一日地坚持下去。看来只要心中有信念，没啥坚持不了的。"

侯斌就是这样，特别善于从身边的人，哪怕是陌生人身上汲取正能量，激励自己前行，也特别善于从身边的人身上发现善良的一面。他说："这是你的磁场。你越是这样，

就越阳光积极，就越是能得到帮助。"

有点不一样的是，他走到了舞台的中央。越来越多的荣誉加给他，他的比赛也顺风顺水，成绩节节攀升。他先后获得了"全国优秀运动员"和"全国自强模范"的称号。

1999年，他再度获得远东及南太平洋地区残疾人运动会的跳高冠军。同年，他从黑龙江省的哈尔滨体育学院毕业了。或许是因为此前一直生活在冰天雪地的黑龙江，他很向往四季如春、面朝大海的生活。毕业之后他选择到厦门市残联工作。

还是1999年，因为有了名气，再加上阳光俊朗的外形和气质，所以侯斌还得到机会参演一部电影。那部电影的名字叫《人见人爱》，侯斌扮演女主角的男友——一名残疾的运动员，角色和本人几乎完全吻合。电影对侯斌而言是个完全陌生的领域，他一进剧组就特别虚心，处处留意，向其他演员学习。他发现剧组里的老演员背台词很有一套，很擅长利用零散时间，化整为零，把大段大段的台词记熟背会。善于学习的侯斌，通过向老演员们请教，很快也掌握了这些窍门。

很多年后,他被联合国邀请在世界青年大会上发表演讲,退役之后更是成为专门的演说家,当初在剧组学的背台词的功夫就起到了很大的作用。处处留心皆学问。只要别人有一点值得学习的地方,侯斌就能虚心地向人家讨教、学习。他说:"哪有什么完美的人。不过是你看人家比你强,从这里学一点,那里学一点。综合起来,你就很厉害了。"

2000年,奥运会在澳大利亚最大的城市悉尼举办,侯斌再一次代表祖国参赛。参赛前,他腰伤复发,经常疼痛难忍,但是疼痛对他而言是再熟悉不过的感觉,从9岁开始,断肢的疼痛、和假肢磨合的疼痛,训练的伤痛就更不说了。疼痛已经不是敌人,而像多年老友一样,如影随形,提醒着他困难的存在和自我的力量。他相信这一次他依然能够赢得冠军。

在悉尼奥运会上,侯斌再次遇见了之前在亚特兰大帮助过他的那位德国运动员尤尔根·科恩。他们已经是很好的朋友,见面拥抱,用不太流利的英语相谈甚欢。比赛之前,科恩甚至走到他身边,为他按摩放松。一同为他按摩的还有来自另一个国家的运

47

动员。他们在赛场上是对手，赛场下是朋友。他们很欣赏侯斌的竞技实力和人格魅力，真诚地希望侯斌能够再次夺冠。

在残奥会的舞台上，这些可爱可敬的运动员，突破了国与国的界限，共享运动带来的欢乐和友谊，真正做到了"友谊第一，比赛第二"。他们用并不健全的身体诠释了残奥会平等、友爱、公平、竞争的精神。在这次残奥会上，侯斌不负众望，再次夺取金牌。中国运动员在这届残奥会上共获得了34枚金牌，金牌榜排名从上届的第九位上升到第六位。

2000年悉尼残奥会夺冠之后，厦门市政府奖励了侯斌一套房子。在装修房子的过程中，侯斌遇见了一生挚爱。福建姑娘池艳珍当时在经营一家窗帘店。侯斌到她的店中为新房子挑选窗帘。小池那时候并不知道面前这位男士是奥运冠军，生性热情开朗的她只当他是一位普通的顾客，主动给他出主意，推荐合适的窗帘。买窗帘要选款式、选布料、选花色，制作完成后还要安装，几次见面交流，等新房子挂上新窗帘的时候，两人也成了无话不说的好朋友。姑娘被侯斌笑口常开的精神状态所打动，侯斌也时常骑着残疾人摩托车载着小池去客户家测量窗帘，在楼下路灯旁等着小池。两个人都从外地来厦门定居，彼此照顾相互关心，渐渐地成了情侣。

刚开始谈恋爱的时候，侯斌没有汽车，只有一辆残疾人摩托车，总是骑摩托带小池出去玩，小池甘之若饴，从来没有提过什么要求。几年以后他们结了婚，有一次侯斌驾驶摩托车载着小池路过一个十字路口等红灯，厦门的夏天太阳火辣辣的，小池拿着遮光布挡住脸。这时，小池轻轻在侯斌耳边说，等我们有了孩子，还是要努力买一辆汽车，不能让孩子风吹日晒坐摩托车，况且也不安全。在两个人的共同努力下，他们的经济条件越来越好，终于买了台越野汽车。

多年训练比赛使得侯斌的身体很多地方都有伤病，每次都是小池陪着侯斌去医院治疗。他们相濡以沫，打理美好的小家庭。虽然童年的不幸让侯斌失去了一条腿，但是命运也让他更懂得把握当下，抓住每一个机会，去争取人生的幸福。

7 战胜自己

2000年悉尼残奥会之后，侯斌因为伤病休养身体，另一方面他也开始投入更多的时间和精力到残疾人事业当中去，基本上暂停了训练。少年时期家境贫寒，为了帮家里减轻经济负担，侯斌早早放弃学业，进入残疾人福利厂工作，后来又全身心地投身于运动事业当中，没有机会好好读书、学知识，是侯斌一直以来的遗憾。在工作当中，他更加感受到对知识的渴求。2003年，他终于在第二故乡厦门获得了进入大学、充实自己的机会。他迈入厦门大学，在新闻传播学院读本科。后来，在学长的推荐下，侯斌又进入了厦门大学EMBA班攻读工商管理硕士。值得庆幸的是，厦门大学的校长和管理学院的领导知道了侯斌的情况和事迹之后，特批他减免全部学费。美丽而包容的厦门大学对这位经历坎坷、意志坚定的体育英雄敞开了怀抱，帮助侯斌实现了继续深造的学习梦想。

表面上看，侯斌渐渐远离了竞技运动。可实际上，他对运动的追求和对奥运的执着并没有就此终止。2004年初，随着雅典残奥会选拔赛的临近，去赛场拼搏、为国争光的渴望在他的心里渐渐炙热。他也递交了参赛的申请。二月底，侯斌接到了通知，让他备战四月份的残奥会选拔赛。这份通知让他既兴奋又痛苦。兴奋的是他又可能有机会为国出征。痛苦的是，他很长时间没有经过系统训练了，他要在短短一个月恢复到以前的水平。

三月份，侯斌全面恢复训练。可能是因为长时间没练的缘故，第三天他在举杠铃的时候，扭伤了腰椎，加上旧伤复发，挤压到腿部神经，他当场就疼得倒在地上，半天爬不起来。过了好久，他才在两个朋友的搀扶之下来到医院。当时检查的结果很不好，伤势挺严重，医生要侯斌每天都去复查，而且最好先停止训练，休息一周看看情况再说。出师不利，这对刚刚恢复训练的侯斌来说，无异于当头一棒。但是这个拥有钢铁般意志的小伙子咬了咬牙，只休息了三天，就回到了训练场上。

　　刚刚经受了伤病的洗礼，侯斌第三次出征残奥会的路途上又遇到一个拦路虎。这一次是他的体重。身高1米80，体重75公斤的侯斌，在平常人的眼里已经是非常标准非常帅气的身材，却不是一名即将出征奥运会跳高项目运动员的理想体重。要想取得更好的成绩，他又一次需要在短时间内尽可能地减轻体重。

在剩下不到一个月的时间里，如何快速把体重减下来，同时还得保持肌肉量，这是横亘在侯斌面前的一道难题。为了减重，除去正常的训练科目，他还给自己安排了很多"魔鬼训练"，比如在高温的桑拿房里跳体操，跳几分钟就大汗淋漓；比如在大中午太阳最盛的时候，穿着连体加厚训练服跑步。厦门属于亚热带气候，每年四月份天气就开始变热，在正午的烈日下，光是跑步就够消耗了，更别说穿着密密实实的加厚训练服跑步了。另外，他在饮食上也很节制，主要以蔬菜和高蛋白的豆类、鱼类为主，即使这样也要每餐控量。糖分高、热量高的甜品啊、饮料啊、米面啊、油炸食品啊，碰都不碰。就这样，在一个月之内他成功地减掉了10公斤体重，并且保持了训练水平。最后，他成功通过了选拔赛，为自己赢得了出征2004年雅典残奥会的机会。

孟子云："故天将降大任于是人也，必先苦其心志，劳其筋骨，饿其体肤，空乏其身，行拂乱其所为，所以动心忍性，增益其所不能。"应了这句话,侯斌出征雅典残奥会的征途并没有在拿到入场券之后变得一帆风顺。意想不到的考验还在后面等着他。

出征前夕,侯斌随队坐卧铺火车去北京集结,晚上去上洗手间的时候,正好遇上火车转弯,有一个向外的离心力,再加上侯斌因为减重10公斤,残肢腿瘦了一圈,假肢接触腔甚至吸不住残肢腿了,他一个趔趄,身体失去平衡,头磕在桌角上。黑暗中,他用手一摸,黏糊糊的。在卫生间对着镜子一看,半边脸都是血,也不知道伤情怎么样。回到铺位,他轻轻拍醒了领队,跟他说:"我磕破头了。"

领队一下子吓醒,赶紧联系列车长,找到了列车上的随车医生。医生看了伤口之后,说:"我们只有创可贴,没有办法包扎。"侯斌找一件T恤衫包在头上,坚持4个小时以后抵达北京。全部大部队到了下榻的宾馆,随队医生和侯斌一起去医院治疗。到了医院,医生看了伤口之后,说:"伤口太深了,得缝针。"领队急了:

55

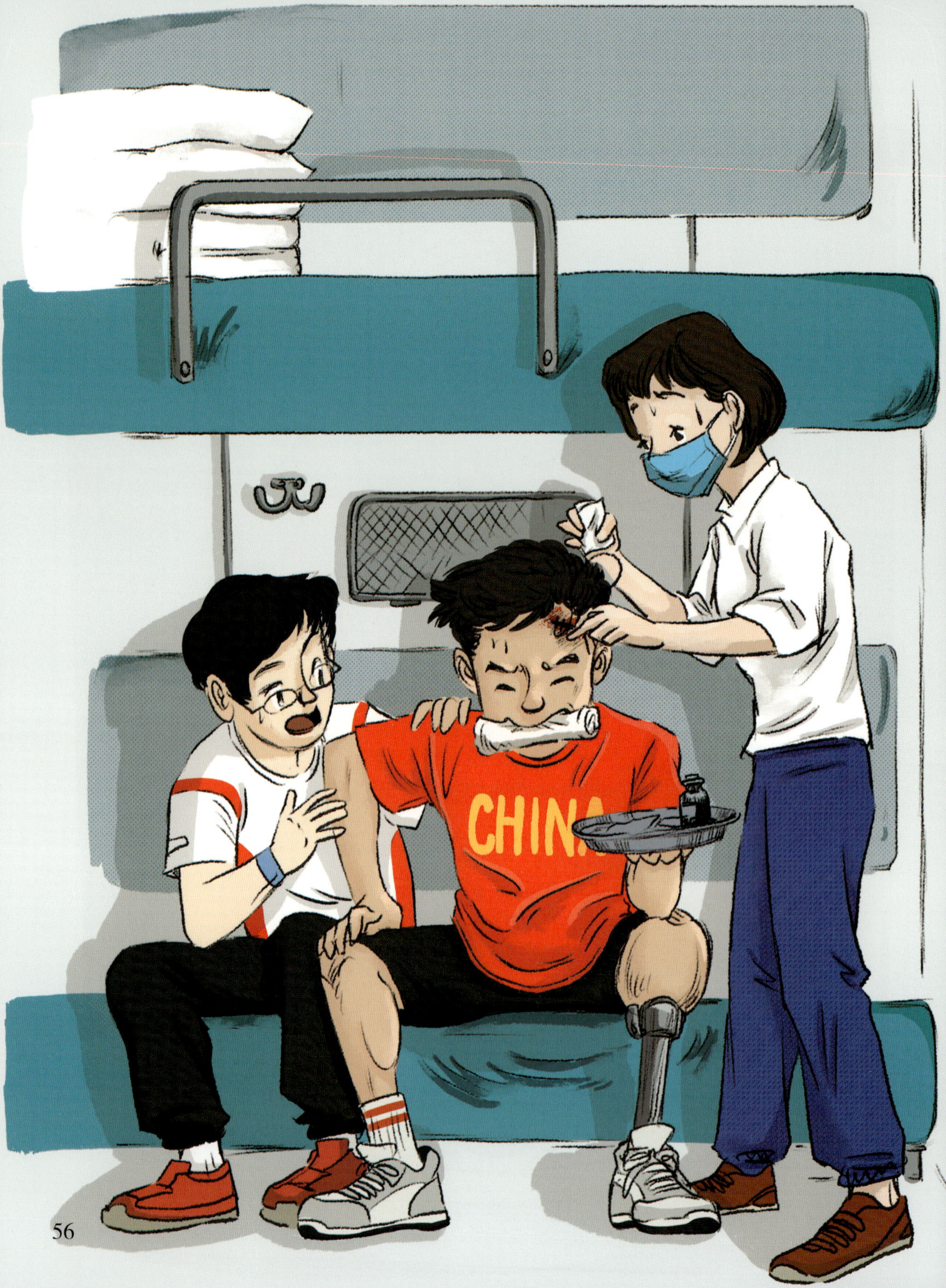
CHINA

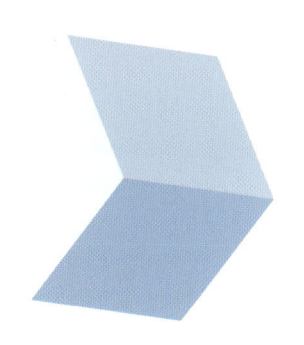

"这是出征奥运会的运动员,不能打麻药呀。兴奋剂检查通不过的。"医生双手一摊:"没办法。伤口又长又深,不缝针不能愈合呀。"侯斌牙一咬说:"缝吧。不打麻药。"医生说:"这可是头啊。不打麻药怕你受不了。"侯斌强自镇定地扯出了一点笑容说:"没事儿,受得了。"他心里想:"古有关公刮骨疗毒,今有侯斌不打麻药缝针。关老爷能受得了,我是世界冠军,我也能。"

嘴上说着没事儿,其实侯斌心里老紧张了。但是他很清楚,不缝针伤口不能愈合,没法参加比赛;打麻药通不过兴奋剂检查,也不能参加比赛。他经历了七磨八难,不就是为了参加残奥会为国争光嘛。就好像唐僧取经,经历了九九八十一难,眼看快到西天,怎么能放弃呢。可是就算是给自己做足了心理准备,第一针扎下去的时候,侯斌还是疼得魂飞天外。等四针缝完的时候,已经牙床子咬得生疼、大汗湿透了衣裳。

次日,侯斌坐上了飞往雅典的飞机。新缝合的伤口承受着高空压力,疼痛欲裂。不过侯斌乐观地想,这跟昨晚缝针的时候比,已经好受多了。

2004年9月23日,头缠绷带的两届世界冠军出现在雅典第十二届残奥会F42级别跳高赛场时,观众、媒体、对手都在观望,想看看中国的常胜将军侯斌这次在头部负伤的情况下,还

能不能夺冠。大家都知道，单腿跳高、前空翻过杆，头和身体会先越过横杆，头会先落在垫子上，伤口遭到撞击，一定很痛苦。甚至有选手预测侯斌会现场申请退赛。

侯斌测量好步点，放下拐杖，把头上的网状纱布拿下来，头上露出缝合的伤口。他有节奏地六步助跑、起跳，成功地越过 1.65 米的横杆。当头落在垫子上的那一刻，剧烈的疼痛让他差点喊出声来，但他暗自咬牙、忍住剧痛，一个前空翻坐在垫子上，面带微笑，拍拍身上的衣服，瞄了一眼刚刚跃过的横杆，意思是"这次跳得太轻松了"。侯斌的轻松过杆，给对手造成了巨大的压力。他们没有想到头部负伤的侯斌真的会参赛，还跳得这么轻松。就这样，侯斌用智慧和气势一上场就挫了对手的锐气。之后，他一次次地跳跃都很成功。最后一跳是 1.77 米，他实现了奥运生涯的金牌三连冠。现场 5 万多名观众爆发出雷鸣一般的掌声。这个意志强大的中国小伙子，再一次为祖国争光，也征服了全世界的观众并赢得了对手的敬佩。

8 火炬手点燃圣火

2008年9月6日,北京,鸟巢国家体育场,一个坐在轮椅上的小伙子,用双手拉动绳索,使自己和轮椅一起吊升至39米的高空。在全世界的注视下,他举起祥云火炬,点燃了主火炬塔下的引火装置。刹那间一条火龙喷薄而出,盘旋而上,主火炬被点燃。烈焰熊熊,温暖而明亮,第十三届残疾人奥林匹克运动会由此展开序幕。

这位北京残奥会的主火炬手,就是侯斌。他用无与伦比的出场和自信的笑容,展现了生命力量、中国精神,也诠释了残疾人奥林匹克运动会的意义。

现场观众不知道的是,半年前侯斌在训练时摔断了右手手

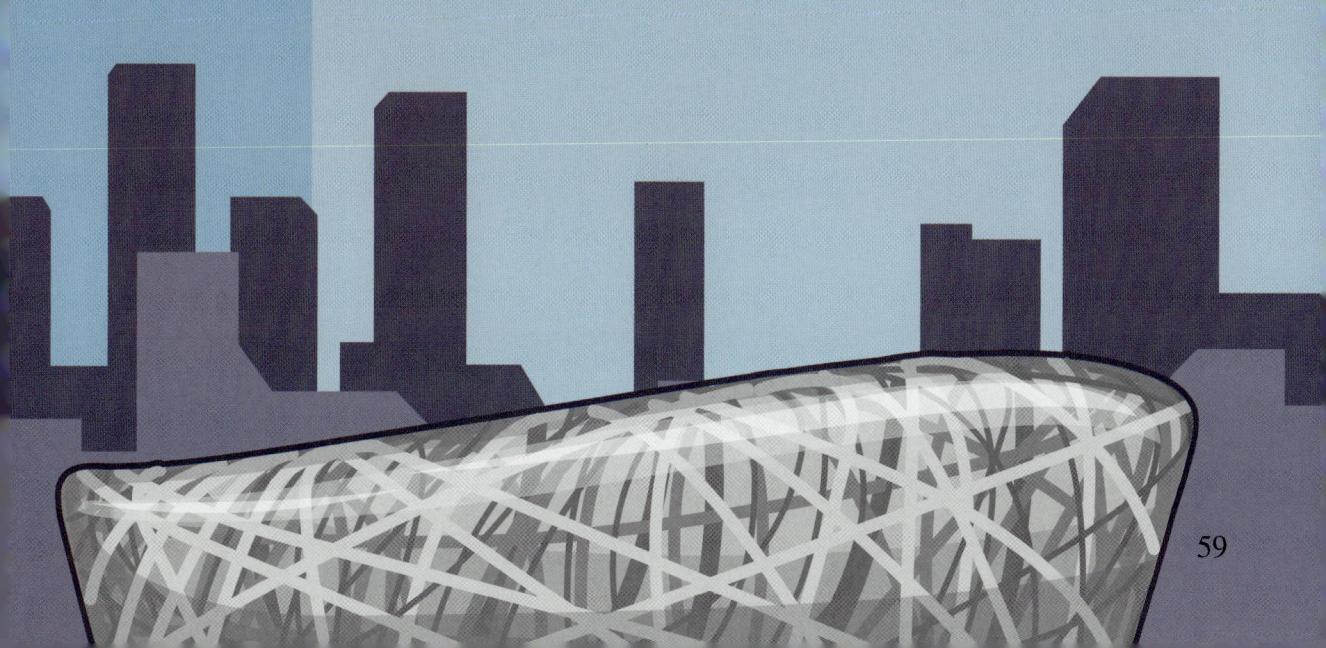

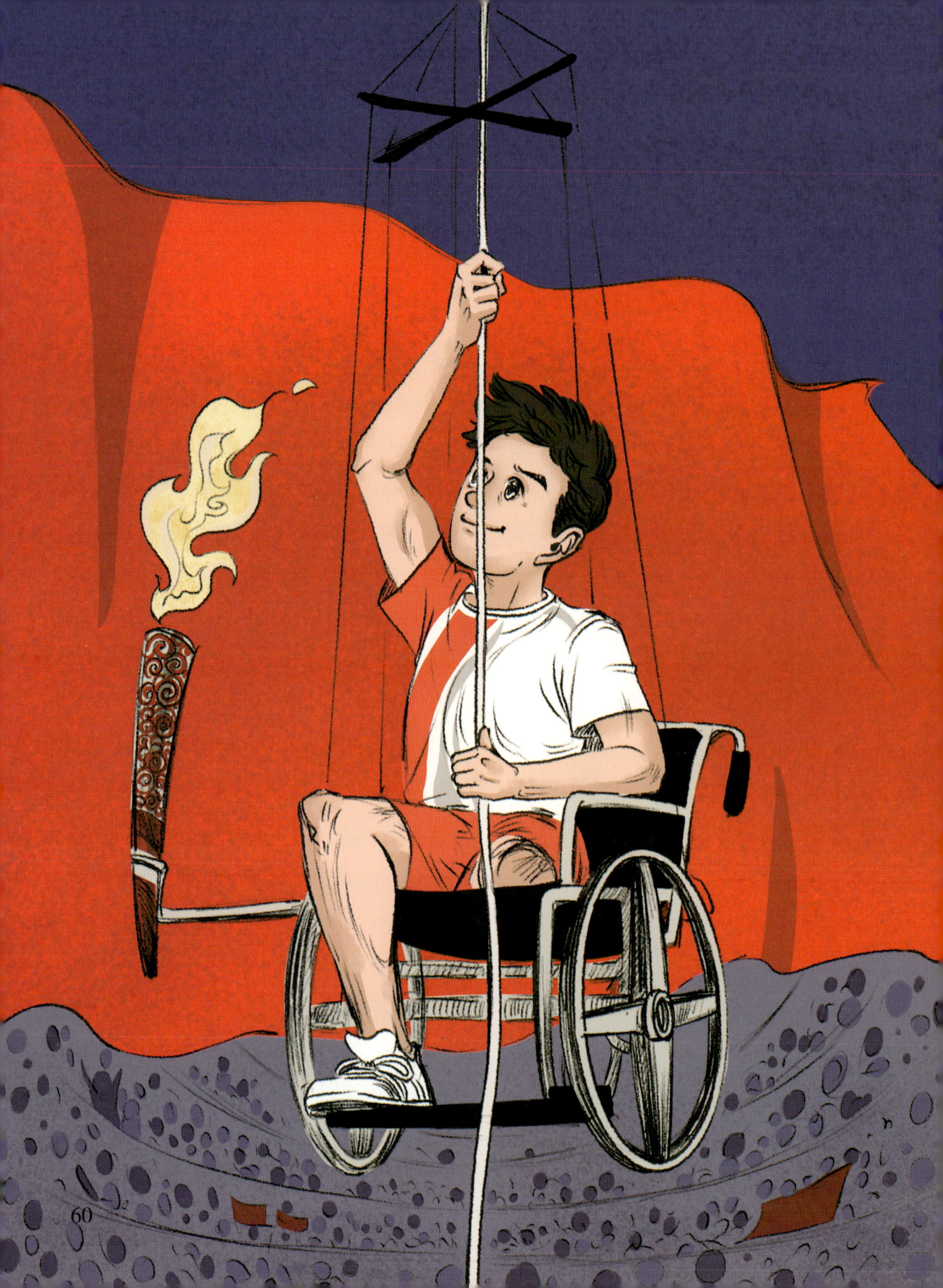

掌，此时手掌里还有一块钢板和4枚钢钉。当他奋力拉动绳索的时候，手臂里的钢板不断地刺痛着他，他中途甚至停顿了一次。那个时候，现场的9万名观众和50多位世界各国领导人一起站起来为他鼓掌加油，侯斌用余光看见了观众席上星海一般的闪光灯，他受到了鼓舞，继续一下又一下拉动绳索，在全场观众的注目中缓缓攀升。他就是用打着钢板钢钉的手，完成了165次拉拽动作，点燃了主火炬。

对于这次在祖国举办的奥林匹克运动会，侯斌和所有中国人一样，有着不同寻常的自豪感和期待。能够参与其中，为北京奥运尽一份力，更是让他兴奋不已。早在2008年5月，北京奥运圣火传递到厦门的前夕，侯斌就被确定为厦门站的火炬传递者。组织方表示，侯斌可以坐轮椅参与火炬接力,但侯斌谢绝了,他要穿上假肢、跑过 200 米来传递火炬。他要向世人展现残疾人的精神面貌。他为此定做了方便奔跑的假肢,坚持训练,还提前去试跑。最终,他不但顺利完成了自己这一棒火炬传递的任务,还用自信爽朗的笑容感染了现场的每一位观众。

在残奥会的前夕,侯斌接到通知参加残奥会主火炬手训练时,他的角色还是所谓的"2 号",也就是"1 号"的替补。1 号是一位铅球运动员,也是残奥会冠军。侯斌是跳高运动员,而点燃主火炬的设计需要火炬手用臂力牵引绳索把自己和轮椅拉升到 39 米的高空。这个过程主要依赖上肢力量,投掷类运动员理所当然比跳高运动员有优势。

但侯斌认为,替补没关系,机会永远是留给有准备的人的。2004 年雅典残奥会之后,残奥会项目有了大的调整,侯斌的项目被取消了,当年和他一起比赛的队友们很多放弃了训练,转行干别的。只有侯斌,虽然项目被取消了,但是他依旧坚持训练，所以才有机会成为"2号"主火炬手。

即使作为替补，侯斌也拿出十二分的认真来对待训练。训练基地在北京郊区的一个部队营地，条件比较艰苦，训练场上到处都有蚂蚱乱蹦，但是这些侯斌一点儿也不在乎。每一次训练，侯斌都选择第一个上。为了加强上肢力量，侯斌还给自己安排了加练。他找了根铁棒，搭在结实的地方，做成简易的单杠，拉引体向上。每一次训练，他都是第一个到，最后一个离开。他的努力，被训练组看在眼里、记在心上。

因为是全球瞩目的大事件，所以奥运会开幕式的总导演张艺谋和残奥会开幕式的执行总导演张继钢都会打电话过来询问训练情况，两位"张导"还不时亲临现场探班。有一次，张艺谋导演又打电话询问情况，训练组说2号训练的时候，被卡在半空了，大家正在救他。一来二去，总是听到2号的训练情况，张导对2号也就留了心。后来张导到现场探班，一看侯斌的训练水平和精神状态，再加上他成绩不断提升，就直接点名让2号变1号了。

这就是侯斌，即使作为替补，他也从不会抱怨，总是愿意付出更多的努力，因为他相信付出一定会有回报，机会总是给有准备的人。

开幕式当天,还发生了一段有趣的小插曲。当时，已经成为"1号"的侯斌提前好几个小时就在开幕式的后台休息室里待命。这里有武警把门，保证他的安全，当然他本人也不能随意外出，他和场地之间的联系主要靠大学生志愿者。有一位专门的志愿者一直在给他通报主场那边的动向。

作为三届奥运冠军，侯斌经历过的大场面也算不少，可是这一次不一样，这次他是代表祖国，要在万众瞩目下完成一场盛大表演，而且还是他一个人的独演。侯斌心里不免紧张，手心一直冒汗。他想起当语文老师的妈妈曾经跟他说过，遇到特别紧张的时候，你可以把注意力从自己身上转移到别人身上，去关心别人，不那么关注自己了，就不会太紧张了。于是他想起来忙前忙后的志愿者不知道吃上饭没，赶紧在房间找了一碗方便面泡上。

志愿者回来的时候，他迎上去问他："你吃上饭没？"志愿者说："没呢，我们内场的志愿者要等外场的志愿者送饭过来，才能吃上饭。"侯斌说："我怕你饿着，给你泡了碗面，你赶紧吃吧。"志愿者很感动，"1号"当天承担着那么重要的任务，还不忘关心他。

再次从主场回来的时候，志愿者盯着侯斌看了几眼，对他说："1号，我刚出去的时候发现今天晚上鸟巢风有点大。"侯斌不明所以。志愿者接着说："我看你刚才好像喷了好多发胶在头发上。发胶是易燃物，你上升的时候，火炬离你那么近，风还那么大，万一……"志愿者还没有说完，侯斌已经完全明白他的意思了，惊出了一后背的冷汗。

好险！自己的头差点变成另一个"火炬"暂且不说，这举世瞩目的盛大演出岂非要变成灾难现场！他赶紧去洗掉了头上的发胶，对志愿者说："你救了我，也救了今天！"一场虚惊之后，侯斌原本紧张的情绪荡然无存。他的表演时间到了，他清清爽爽、信心满满地登上了万人瞩目的舞台中央。

9 永无止境地突破自我

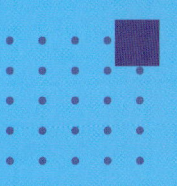

2008年北京奥运会之后,这位坐在轮椅上点燃圣火的中国小伙子、三届残奥会冠军被很多观众记住并且喜爱,侯斌也多次被邀请到各种场合进行演讲。侯斌很喜欢演讲的工作。从小时候起,他就渴望站在舞台的中央,被众多人看到。现在,他更是愿意把自己的成长经历、心路历程,以及鼓舞自己一路前行的内心力量分享给更多的人。

为了学习演讲技巧,让自己成为更加专业的演讲者,侯斌就像练奥运项目一样,给自己制定了严格的训练计划和目标,一丝不苟地执行。他找专业的老师学习发声技巧,学习形体和站位,学习表情和手势,学习写演讲稿……这个曾经在童年时期有口吃毛病的小伙子,拿出练跳高的劲头,下足了功夫。

为了克服在众人面前演讲的紧张感,他甚至站在街头,

对着陌生人演讲，有的人对他报以善意的微笑，有的人则像看小丑一样看他。一开始他特别在意别人的反应，关注点都放在别人的面部表情上，后来，他练得不管观众反应如何，都会按照自己的节奏推进。再后来，他在讲台上越来越轻松自如，有时候还会根据观众的反应来做一些适当的小互动。

当一个人倾尽全力朝一个方向努力的时候，各种机会也会朝他聚拢。越来越多的机构邀请侯斌演讲。2009年8月7日，侯斌受邀在联合国第六届青年大会上讲述自己的人生经历和奋斗历程。他成为第一个受邀在联合国青年大会上演讲的中国青年。

演讲之外，侯斌也积极参与慈善公益事业。他以切身的体会，深知残疾人的各种不容易，发起和参与了很多公益活动。他特别心疼那些和他一样在灾难或者意外中失去腿的孩子。2008年汶川地震之后，侯斌积极推进"站起来"慈善计划，为在地震中失去腿的孩子们装配了453条假肢；

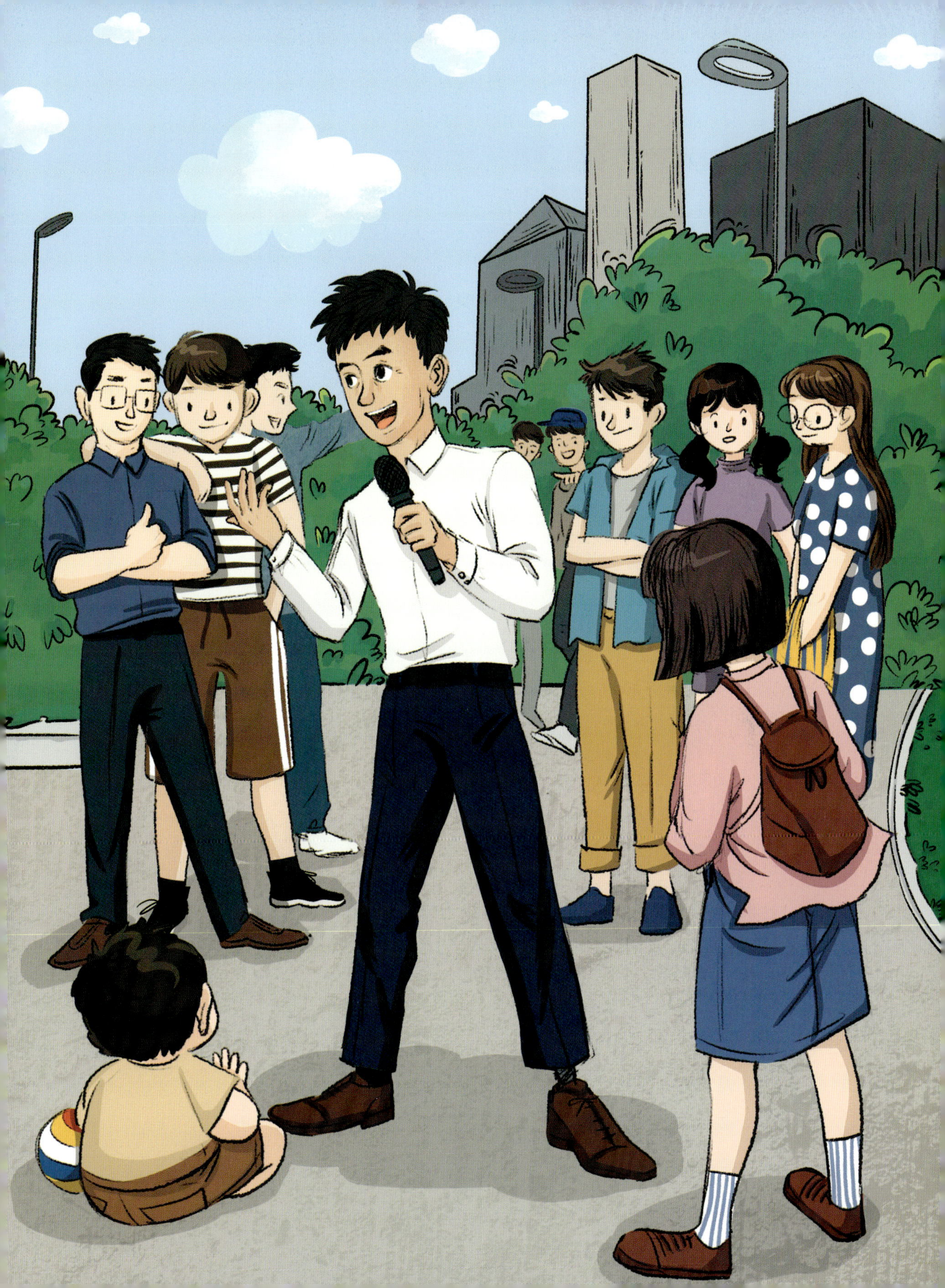

2013年，侯斌发起"再站起来"公益项目，帮助雅安和汶川地震致残孩子免费安装高品质假肢。2016年"再站起来"公益项目活动启动"斌·跑计划"，为中国残奥会国家队中的10位优秀运动员赞助国际高品质运动假肢，鼓励运动员参加2016年里约热内卢残奥会，帮助我国残奥运动员在世界舞台上展现风采。当然，这只是他参与的公益事业的几个例子，他还帮助一些残疾运动员装上运动假肢；关注孤独症儿童和外来务工人员子女……总之，侯斌认为自己成长和成功离不开社会的关照和帮助。现在，自己有能力来反哺社会、关爱他人了，他感到很开心。

除了演讲和公益事业，侯斌也从未停止挑战自己的脚步。他的座右铭是"人生不设限"。早在2011年7月，侯斌在厦门大学读EMBA的时候，就报名参加了第六届"玄奘之路"戈壁挑战赛。这个赛事以重走1300多年前玄奘法师西天取经的艰险路段而著称，比赛全程112公里，参赛选手需要连续4天徒步穿越。这里平均海拔在1500米左右，白天气温高达35摄氏度，夜里却会降到零下，极度干旱缺水，再加上波谲云诡的天气，对参赛者意志和体力都是极大的挑战。

侯斌第一次参加的那次戈壁挑战赛有来自世界各地的18所商学院的600多名队员。比赛的第一天，大家就见识到戈壁滩上骇人的风沙。对此，侯斌早有心理准备。他说："我们本来就是来挑战人生极限的，不是来吃羊肉串、看蓝天白云的。"然而，强烈的风沙带给侯斌的困难远比其他队员要大得多。细小的沙子钻进他的假肢，接触的部位第一天就磨出很多水泡。更麻烦的是他的假肢从最初的不能正常屈伸到后来干脆关节失灵无法活动。面对这些，侯斌倒是很乐观，他说："我一走就摔倒，

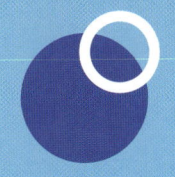

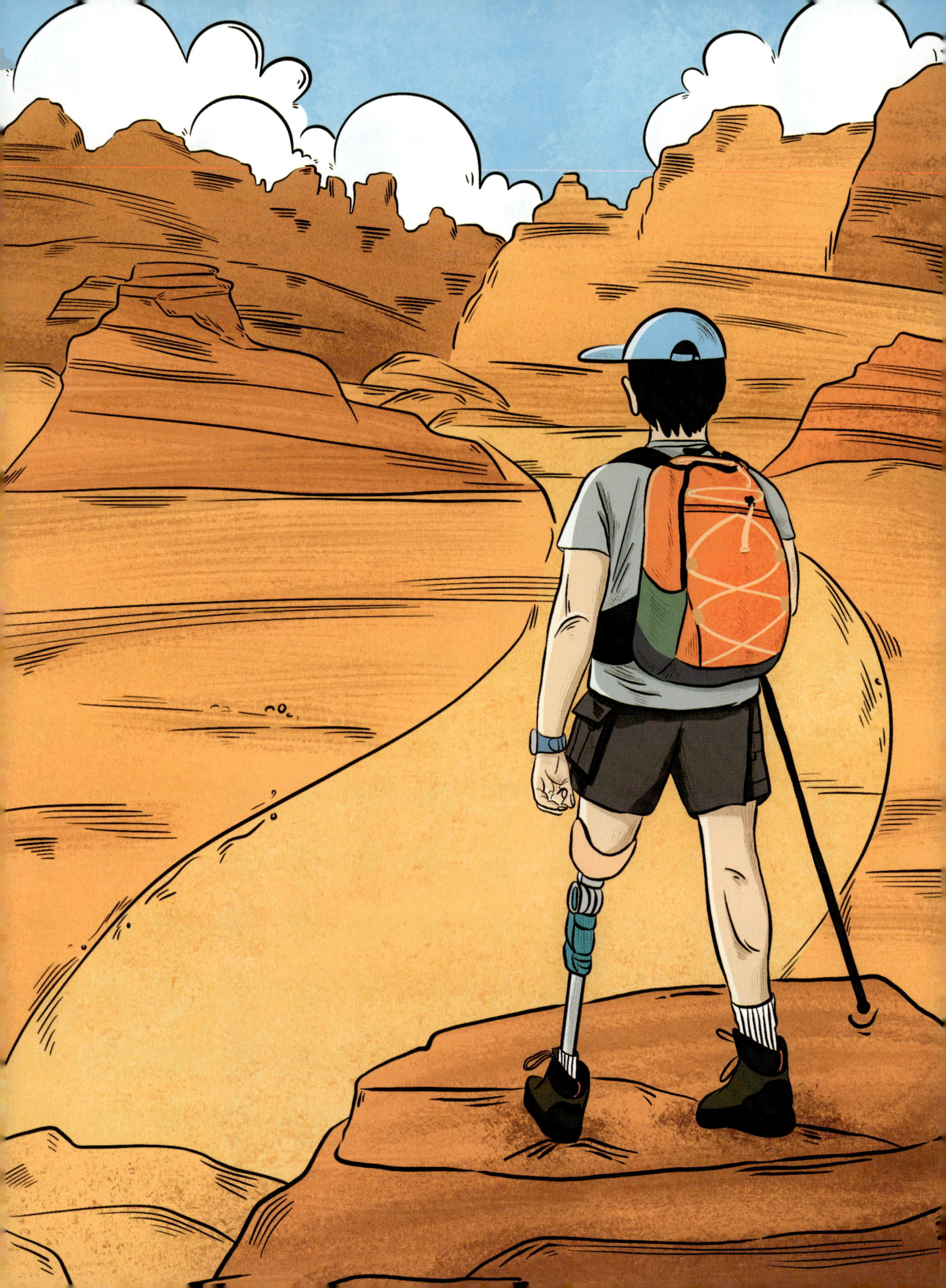

像企鹅一样，从一个又一个沙丘上滚下来，自己都觉得很壮观。"

第二天的行程中，侯斌见识了沙漠里的植物王者——骆驼刺。这种顽强的植物，为了适应极度干旱缺水的生存环境，有着十分发达的根系，甚至能长达地下20米，能从沙漠和戈壁的深处汲取水分和营养。因此，它不光是沙漠之舟骆驼在沙漠和戈壁中的主要食物，也在防风固沙、维护生态方面发挥着不可或缺的作用。崎岖的路况，进了沙子变得僵硬的假肢，侯斌很容易摔跟头。有一次摔倒，他的手掌就正好按在了一丛骆驼刺上，立刻被扎了一手的伤。

根据自身的条件，侯斌没有不切实际地想要一次走完。他拼尽全力，一天跌跌撞撞能走个五六公里。他想，未来5年，每次他都要来，每次走4天，每天走五六公里，分5年也要把这段路走完。

果然，之后的每一年，侯斌都报名参加了"玄奘之路"戈壁挑战赛。2014年，侯斌第四次参加戈壁徒步。第一天他用9个小时的时间，惊人地完成了28公里的徒步。第二天遭遇9级沙尘暴，侯斌依然坚持走了12公里。最后一天，在凌晨4点，侯斌比大部队提早3个小时出发，以超乎想象的毅力和坚持，在一步一步艰难的行走中，抵达了胜利的终点。4年时间，侯斌在这条路上累计完成了138公里的徒步穿越。他的精神感染了所有的参赛队员，他通过终点线的时候，戈壁挑战赛主席曲向东带领在场人员夹道欢迎，送上了经久不息的掌声。

侯斌说："参加戈壁挑战赛，我不是为了证明什么，只是想要通过自己的行动告诉大家，人的潜能是无限的，人的一生能够做许许多多的事情。"

后来，侯斌还曾探访北极，在北极的冰海里尝试冰泳。他说："跳进北极冰海那一刻，感觉就像是跳进了一个黑洞中，疼痛感随即而来，身体明显感觉到像是着了火似的。从开始到结束，我一直都感觉锥心的疼痛。浮上冰面一瞬间，仿佛重获新生。"他也曾探访南极，穿着特制的雪地鞋，攀爬6个小时，登上位于南极的纳克港雪峰，并且在极度严寒的南极生活了6天。

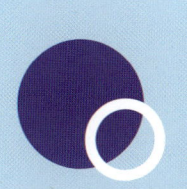

尾声

　　侯斌就是这样一个人，在苦难中寻找希望，有了目标，就坚定不移地朝着前方奔去。他不断地突破自我，冲破命运给他的枷锁，创造出一波又一波的生命高度。

　　退役后，为了继续参与热爱的体育事业，也为了能把奥林匹克精神传递给更多人，侯斌选择了以演讲的方式继续"以体育人"。2008年至今，侯斌完成了1600多场全球演讲。

他从学校教室讲到世界五百强企业；从万人体育场讲到联合国青年大会。他的足迹遍及全球20多个国家和地区，用亲身经历鼓舞了无数人；他向青少年传递昂扬向上的精神力量，激励他们不断挑战自己、突破生命的极限。

侯斌的故事还在继续。他说，他对奥运精神的理解是"突破自己、公平竞争、友谊团结、互相理解"，他立志要把这种精神传递给每一个受困于现状的灵魂，祈愿每个人的人生都可以"不设限"！

冠军小课堂

Q： 缺少肢体的人士和视力障碍人士同场竞技的话，感觉不太公平呀？残奥会是如何保障公平性的？

A： 为了保证竞赛的公平性，残奥会根据选手的残障种类及程度将运动员分入不同级别进行比赛。大体上可以分为肢体障碍、脑性麻痹、视觉障碍、脊椎神经损伤、学习障碍（或者称为智力障碍）以及其他障碍。每届残奥会项目都有自己的分级，比如2020年的东京残奥会，设有视力残疾、肢体残疾和智力残疾三个残疾类别。所以，残奥会的赛场上，基本上都是同种类和同程度的运动员在比赛，因此缺少肢体的人士和视力障碍人士同场竞技的情况是不会出现的。

Q 残奥会也像奥运会一样分夏季和冬季吗？

A 是的。残奥会的全称是残疾人奥林匹克运动会，始于1960年，每四年举办一次，都是在夏季奥运会之后举办，至2023年已经举办16届。以东京残奥会为例，主要的运动项目有射箭、田径、羽毛球、硬地滚球、皮划艇、自行车、马术、五人制盲人足球、盲人门球、柔道、举重、赛艇、射击、游泳、乒乓球、跆拳道、铁人三项、坐式排球、轮椅篮球、轮椅击剑、轮椅橄榄球、轮椅网球等22个大项，539个小项。

冬季残奥会在冬季奥运会之后举行，自1976年首次举办以来，到2022年一共举办了13届。我国于2022年举办第十三届冬季残奥会，主要比赛项目有冰橇冰球、轮椅冰壶、高山滑雪、冬季两项、越野滑雪、单板滑雪等。

Q 为什么残奥会上出现一个项目产生多枚金牌？

A 刚才说到，为保证竞技的公平性，残奥会赛前会对参赛选手的残疾情况和运动能力进行评估，并根据具体项目的要求将残疾程度或运动能力相近的选手分在一组进行比赛，这一过程称为"分级"。所以，一个比赛项目会分出现多个竞赛组别，这就是为什么残奥会上一个项目会产生多枚金牌的原因。

冠军小课堂

Q 残奥会比赛有什么特殊的规则?

A 残奥会是残障人士参加的竞技项目。因为参赛运动员有各种身体的缺陷，包括身体、智力或视力障碍，所以会有一些特殊的规则为他们参赛提供帮助。比如在游泳项目中，选手通常从跳台入水，无法起跳入水的残疾人运动员则可以提前入水准备。仰泳等从水中出发的比赛，运动员在预备阶段应该用手握住握手器，身体不便的残疾运动员则可以借助皮带、用嘴叼住绳子或毛巾等辅助手段。视力障碍的运动员在游泳比赛中会配一位助手，在运动员靠近转向点或终点时用提示棒敲打运动员的头部或身体进行提醒。在参加赛跑时，视力障碍运动员会由引跑员用弹性绳带引领着在跑道上奔跑。在乒乓球项目中，肢体残疾运动员可以将球放在肘部或球拍上抛球，也可以用嘴咬着球拍参加比赛。

伟大的物理学家、科学巨人霍金也是一位残障人士，他在伦敦残奥会上的致辞中说："残奥会意在改变我们对世界的观念，我们都与众不同，世界上本没有标准或普通人，但我们拥有同样的人类精神。"不管以哪种形式参加比赛，残奥会运动员展示的都是共同的人类精神。

Q 残奥会有很多志愿者，他们在残奥会中发挥什么作用？怎样才能成为志愿者？

A 志愿者在残奥会中扮演着重要的角色，正是通过他们的辛勤工作和无私奉献，庞大的赛会才能有条不紊地开展。残奥会志愿者服务领域涉及很多个方面，比如礼宾接待、语言翻译、交通运输、安全保卫、医疗卫生、观众引导、赛事组织支持、场馆运行支持、新闻运行支持、文娱活动组织支持，以及医学分级、残疾人专用器具、无障碍设施维护、康复治疗、心理咨询、医学护理等等。如果你年满18岁，身体健康，能够保证参加志愿者培训，能够保证志愿者服务的时间，那你就可以申请成为志愿者。有翻译、驾驶等专业技能会加分哦。

Q 中国在残奥会上的表现怎么样？

A 中国从1984年6月第一次组团参加在美国纽约举行的第七届残奥会。与西方国家相比，中国残疾人运动起步比较晚，基础比较薄弱。但是我们国家对残疾人运动非常重视，再加上中国的残疾运动员特别能拼搏，到2004年雅典残奥会，中国代表团摘得63金，跃居金牌榜榜首的位置。之后的北京残奥会、伦敦残奥会、里约残奥会、东京残奥会，中国代表团都是金牌榜第一名。

成长大事记

1975 年 3 月 15 日
出生在黑龙江佳木斯市。

1983
因为意外，失去左腿。

1992
进入残疾人福利工厂工作，同时开始训练跳高。

1994
获得第六届远东及南太平洋地区残疾人运动会跳高冠军。

1996
亚特兰大第十届残奥会，以单腿跳出 1.92 米的成绩获得冠军，打破该项目的世界纪录。

1997
进入哈尔滨体育学院。

1999
再次获得远东及南太平洋地区残疾人运动会跳高冠军。

2000
- 悉尼第十一届残奥会跳高比赛中获得冠军。
- 获得"全国五一劳动奖章"。
- 获得"中国青年五四奖章"。

2003
就读于厦门大学新闻传播学院广告学专业。

2004
- 雅典第十二届残奥会跳高比赛中获得冠军，实现了"三连冠"。
- 再次获得"全国五一劳动奖章"。
- 再次获得"中国青年五四奖章"。

2008
- 任北京第十三届残奥会主火炬手，在鸟巢点燃残奥会开幕式圣火。
- 获国际残奥会任命，成为全球首位残奥会大使。
- 任国际奥委会与北京奥组委授权的北京大学"冠军论坛"主讲嘉宾。

2009
- 攻读厦门大学EMBA工商管理硕士。
- 作为主讲嘉宾参加在纽约联合国总部举办的第六届联合国青年大会。

2011
参加第六届"玄奘之路"戈壁挑战赛。至2024年共参与了13次，穿着假肢完成了138公里挑战赛。

2012
- 6月参加第七届"玄奘之路"戈壁挑战赛。
- 7月探险北极，在冰海中尝试冰泳。
- 11月登上位于南极的纳克港雪峰。

2013
成为"再站起来"公益项目发起人，为因地震和车祸意外致残的50多位儿童免费提供优质的假肢。

2015
任2022年北京冬奥会申奥大使。

2020
任中国残奥委员会副主席。

2021
与意大利百年男装品牌跨界携手，共同打造户外冒险主题科技大片，积极探索不同领域的发展可能，将"生命的高度永远未知且不可丈量"的精神带入时尚领域。

2022
- 被中国民主同盟授予"100位杰出盟员"荣誉称号。
- 任北京冬残奥会国旗护旗手。

2023
- 任"玄奘之路"戈壁挑战赛文化和公益大使。
- 任杭州第四届亚残运会开幕式第三棒火炬手。

2024
正式启动"冠军大梦想"校园公益巡讲活动，邀请院士、企业家、艺术家、教师等行业领军人物进校园与侯斌面对面探讨梦想的力量，致力于在青少年中开展"梦想教育"。